윤봉길

윤봉길

김선희 글 김흥모, 임소희 그림

비룡소

교실 문이 열렸어요. 금빛 테를 두른 제복을 입은 일
본인 선생님이 들어오자, 시끄럽던 교실이 한순간에 조
용해졌어요.

"어이쿠."

일본인 선생님이 허리춤에 찬 긴 칼에 걸려 비틀거
렸어요. 아이들이 여기저기서 킥킥 웃었어요.

"조용히 하지 못해!"

일본인 선생님이 아이들을 노려보며 소리쳤어요.

"조센징(일제 강점기 때 우리나라 사람을 낮잡아 부르던
말) 주제에 감히 날 비웃어?"

일본인 선생님이 칼을 빼들며 눈을 부라리자 아이들
은 잔뜩 겁을 먹었어요. 봉길이도 마른침을 꼴깍 삼켰
지요.

그때 조선인 선생님이 황급히 교실로 들어와 일본인 선생님의 귀에 뭐라고 소곤거렸어요. 곧 일본인 선생님이 당황한 표정으로 교실을 빠져나갔어요.

조선인 선생님은 걱정스러운 얼굴로 아이들에게 말했어요.

"지금 곧 집으로 돌아가거라. 절대로 다른 곳에 가면 안 된다. 특히 장터 근처에는 얼씬도 하지 마라."

봉길이는 친구들과 교실 밖으로 우당탕 뛰어나갔어
요. 수업이 일찍 끝나서 신이 났지요.

그때 한 친구가 소리쳤어요.

"앗, 저기 좀 봐!"

친구가 가리키는 쪽을 보니 엄청난 수의 사람들이
어디론가 급히 가고 있었어요. 봉길이는 친구들과 사람
들이 모여 있는 쪽으로 달려갔어요.

"아저씨, 지금 어디 가시는 거예요?"

봉길이가 지나가는 사람을 붙잡고 물었어요.

"지금 장터에 큰일이 났단다."

그제야 봉길이는 장터 근처에 얼씬도 말라던 선생님의 말이 떠올랐어요. 친구들은 어서 집에 가자며 봉길이의 팔을 끌었어요.

"너희들 먼저 돌아가. 나는 장터에 가 봐야겠어."

"뭐? 선생님이 장터에는 절대 가지 말랬잖아!"

봉길이는 친구의 말이 채 끝나기도 전에 장터를 향해 달리기 시작했어요. 친구들도 봉길이의 뒤를 따라 달렸어요.

장터에 도착한 봉길이는 깜짝 놀랐어요.

장터에는 온통 태극기 물결이 넘쳐 나고 있었어요.
봉길이는 지금까지 그렇게 많은 사람을 한 번도 본 적
이 없었어요.

사람들은 태극기를 높이 들고 목청껏 소리쳤어요.

"만세, 대한 독립 만세!"

잇달아 터지는 만세 소리에 봉길이는 저도 모르게
가슴이 뜨거워졌어요.

그날 밤 봉길이는 쉽게 잠을 이루지 못했어요.

사람들을 향해 마구 총칼을 휘두르던 일본 경찰들, 피를 흘리며 힘없이 쓰러지던 사람들, 그럼에도 멈추지 않던 만세 소리와 사방에서 넘실대던 태극기 물결이 잊혀지지 않았어요.

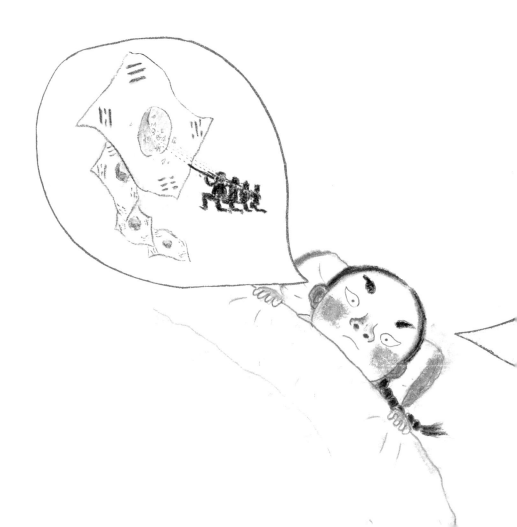

당시 우리나라는 일본에게 식민 지배를 받고 있었어요. 일본은 우리의 땅과 재산뿐 아니라 말과 문화도 빼앗았어요. 아이들은 학교에서 우리말 대신 일본 말과 글을 배워야 했어요. 봉길이가 다니던 덕산 보통학교에서도 일본 역사를 가르치고, 일본 왕에게 충성을 맹세하게 했지요.

밤새 뒤척이다 보니 어느새 날이 밝았어요.

봉길이는 두 눈이 빨개지도록 고민한 끝에 한 가지 결심을 했어요.

"어머니, 저 학교를 그만두겠어요."

봉길이는 부엌에서 밥을 짓고 있는 어머니에게 말했어요. 일본 말과 역사를 가르치는 학교에 더는 가고 싶지 않았어요.

어머니는 이유를 묻는 대신에 가만히 고개를 끄덕였어요.

"그래, 오늘부터는 서당에 가서 공부하도록 해라."

학교를 그만둔 봉길이는 '오치 서숙'이라는 서당에 다녔어요.

오치 서숙의 선생님은 글공부뿐 아니라 우리나라를 지키기 위해 애쓴 위인들 이야기를 자주 들려주었어요. 봉길이는 왜구를 물리친 이순신 장군이나 만주에서 독립군을 이끌고 있는 김좌진 장군의 이야기를 들을 때마다 가슴이 뛰었어요.

어느 날 윤봉길이 길을 걷고 있는데 한 청년이 다가왔어요. 청년은 가슴에 한 아름 안고 있던 나무 막대기를 내려놓으며 말했지요.

"이 중에서 우리 아버지 이름을 좀 찾아 주시오."

그 나무 막대기는 무덤 앞에 세우는 묘표들이었어요. 오랜만에 고향을 찾은 청년이 아버지의 무덤을 찾을 수 없자, 무덤에 있는 묘표를 다 뽑아 온 거였어요.

윤봉길이 놀라 물었어요.

"이 묘표들을 뽑은 자리에 표시는 해 놓았소?"

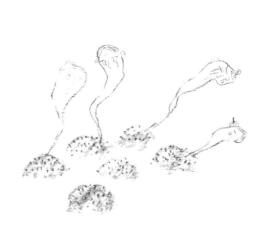

그러자 청년이 목 놓아 울면서 말했어요.

"아이고 이를 어쩌나? 아버지 무덤뿐 아니라 남의 무덤까지 잃게 만들었으니, 이 일을 어쩌면 좋아?"

땅바닥에 주저앉아 우는 청년을 보면서 윤봉길은 자신이 해야 할 일이 무엇인지 깨달았어요.

'왜놈들보다 더 무서운 건 무식이고 무지다. 일본을 물리치려면 백성 모두가 열심히 배워 힘을 길러야 해.'

윤봉길은 우선 아이들에게 글을 가르치기로 결심했어요. 오치 서숙에서 함께 공부하는 친구들을 불러 모은 윤봉길은 말했어요.

"우리나라가 일본의 식민지에서 벗어나려면 무엇보다 아이들을 잘 가르쳐야 하네. 우리가 마을 아이들을 모아 글을 가르치면 어떻겠나?"

친구들은 윤봉길의 뜻에는 찬성하면서도 선뜻 나서지 않았어요.

"이 마을에서 누가 돈을 내고 글을 배우겠는가?"

"아이들은 농사일을 돕느라 공부할 시간이 없을 걸세."

윤봉길은 친구들의 걱정을 예상했다는 듯이 말했어요.

"돈을 받지 않고 가르치면 되네. 내가 우리 집 사랑방(집에 손님이 오면 모시는 방)을 내놓겠네. 낮에는 일하고 밤에 공부하는 야학을 열 것이니, 농사일을 하는 데도 아무 문제 될 것이 없네."

윤봉길은 자신이 아는 것을 남에게 가르치고, 실천하는 것이야말로 진짜 지식이라며 친구들을 설득했어요. 결국 친구들도 윤봉길과 뜻을 같이하기로 했어요.

그날 이후 윤봉길 집의 사랑방에서는 늦은 밤까지 아이들의 글 읽는 소리가 들렸어요.

아이들이 글을 깨치자 윤봉길은 한쪽에 쌓여 있는 책을 가리키며 말했어요.

"이제 글을 읽을 줄 아니까 책을 많이 봐야 한다."

시골에서는 좀처럼 볼 수 없는 귀한 책들이었어요. 아이들은 시간 가는 줄 모르고 위인전과 역사책을 읽었어요. 책을 다 읽고 나면 독서 감상문을 발표하고 토론을 했어요.

　윤봉길은 아이들을 가르치는 틈틈이 『농민독본』이라는 책도 썼어요. 야학에서 교과서로 쓰기 위한 책이었어요.

　『농민독본』에는 역사, 지리, 인물 이야기 등 어린아이들이 세상을 살아가는 데 꼭 필요한 지식들이 가득 담겨 있었어요.

어느 날 윤봉길은 사랑방 문 밖에서 서성대는 아이들을 보았어요.

"너희는 왜 안 들어가느냐?"

한 아이가 대답했어요.

"방이 꽉 차서 들어갈 자리가 없어요."

방문을 열어 본 윤봉길은 깜짝 놀랐어요. 방 안이 아이들로 바글바글했어요.

'아무래도 안 되겠어. 더 넓은 공간이 필요해.'

윤봉길은 마을 사람들을 찾아다니며 마을 회관을 짓도록 도와 달라고 부탁했어요.

마을 사람들은 흔쾌히 힘을 보태 주었어요.

"내가 마을 회관을 지을 땅을 내놓겠네."

"나는 집 짓는 데 필요한 재료를 내놓지."

"나는 내놓을 것이 없으니 집 짓는 일을 돕겠네."

온 마을 사람들이 힘을 모아 마을 회관을 짓기 시작했어요.

마을 회관이 완성되던 날, 마을 사람들이 모두 모여 한바탕 잔치를 벌였어요.

마을 회관의 이름은 '부흥원'이었어요. '기운이 쇠한 것을 다시 일으켜 세운다'는 뜻이었지요.

그런데 잔치가 한창 무르익을 무렵, 일본 형사가 나타났어요. 형사는 못마땅한 눈으로 부흥원을 올려다보며 물었어요.

"이 건물을 어디에 쓰려고 지었나?"

윤봉길은 당당하게 대답했어요.

"마을 사람들 모두의 쉼터요. 뭐가 잘못됐소이까?"

일본 형사는 윤봉길을 노려보며 말했어요.

"요즘 네가 하는 짓이 마음에 안 들어. 조심하는 게 좋을 거다."

형사의 위협에도 윤봉길은 굴하지 않았어요. 부흥원을 중심으로 농민들을 가르치고 깨우치며 다양한 농촌 계몽 운동을 벌여 나갔지요.

윤봉길은 마을 사람들에게 닭, 돼지, 소 같은 가축을 길러 살림에 보태게 하고, 곡식이나 채소를 더 잘 자라게 하는 농사법을 배워 와서 알려 줬어요. 또 일본 물건 대신 우리나라 물건을 사서 쓰게 했지요.

부흥원을 지은 지 얼마 되지 않아 야학에 다니는 아이들의 학예회가 열렸어요.

아이들은 「토끼와 여우」라는 짧은 연극을 공연했어요. 이 연극은 교활한 여우에게 속아 빵을 빼앗긴 토끼와 거북이 여우를 향해 이 평화로운 풀밭에서 사라지라고 소리친다는 내용이었어요.

토끼와 거북은 우리나라 사람들을, 평화로운 풀밭은 우리나라를, 사악한 여우는 우리나라를 빼앗은 일본을 뜻했지요.

연극이 끝나자 사람들은 모두 힘찬 박수와 환호성을 보냈어요.

그런데 학예회가 끝나고 일본 형사가 윤봉길을 찾아왔어요.

"무슨 생각으로 저런 연극을 만들었나?"

윤봉길은 태연하게 대답했어요.

"그저 아이들이 만든 연극일 뿐이오."

일본 형사는 윤봉길을 노려보며 말했어요.

"한 번만 더 저런 연극을 하면 그때는 가만두지 않겠다."

학예회 사건 이후, 일본 형사는 윤봉길을 그림자처럼 따라다녔어요. 하지만 윤봉길은 일본 형사가 감시를 하거나 말거나 더욱 당차게 농촌 계몽 운동을 해 나갔어요.

그즈음 만주에서 독립운동을 하는 이흑룡이라는 사람이 윤봉길을 찾아왔어요. 윤봉길은 이흑룡에게 만주에서 벌어지고 있는 독립운동 이야기를 들으며 마음속으로 큰 뜻을 품었어요.

'나라를 위해 보다 큰일을 하자!'

　1930년 윤봉길은 만주로 가서 독
립운동을 하기로 결심했어요.

　윤봉길은 집을 떠나기 전에 편지 한 장을 썼어요.

　"집을 나가 뜻을 이루기 전에는 살아 돌아오지 않는
다."

　가족들 중 누구도 윤봉길이 만주에 가는 것을 알지
못했어요. 집을 나선 후에야 윤봉길은 참았던 눈물을
쏟았어요. 윤봉길은 그렇게 두 번 다시 돌아오지 못할
먼 길을 떠났어요.

윤봉길은 신의주행 기차를 탔어요. 신의주에서 이흑룡을 만나 함께 만주로 가기로 약속이 되어 있었지요.

기차를 타고 가는 동안 윤봉길은 고향 선배에게 편지를 썼어요. 넓디넓은 만주 벌판에서 빼앗긴 나라를 되찾고자 한다는 내용이었어요.

　　그런데 기차가 평안북도 선천을 지날 때
였어요. 일본 경찰들이 윤봉길에게 다가와
물었어요.

　　"신의주에는 무슨 일로 가는 것이냐?"

　　"친척 집에 볼일이 있어 갑니다."

　　"신의주 어디? 동네 이름을 대라!"

　　윤봉길은 그만 말문이 막혔어요. 신의주에 아는 동
네가 없었거든요.

윤봉길은 당황한 나머지 아무 말도 못했어요. 그러자 조사원 옆에 있던 일본 형사가 윤봉길의 몸을 뒤지기 시작했어요. 윤봉길의 옷에서 조금 전 쓰다 만 편지가 툭 떨어졌어요.

편지를 읽은 일본 형사는 다짜고짜 윤봉길의 뺨을 때렸어요. 윤봉길은 화가 나서 소리쳤어요.

"이게 무슨 짓이오? 왜 확실히 조사도 안 하고 사람을 때리느냔 말이오?"

형사는 또다시 윤봉길의 뺨을 때리며 말했어요.

"네가 독립운동을 하러 간다는 걸 알고 쫓아왔다. 그만 발뺌해!"

윤봉길은 그길로 선천 경찰서로 끌려가서 모진 고문을 당했어요. 형사는 독립운동을 하는 게 분명하다며 바른대로 말하라고 윤봉길을 다그쳤어요. 하지만 윤봉길이 독립운동을 했다는 증거는 찾을 수 없었어요. 결국 일본 경찰은 사십오 일 만에 윤봉길을 풀어 줬어요.

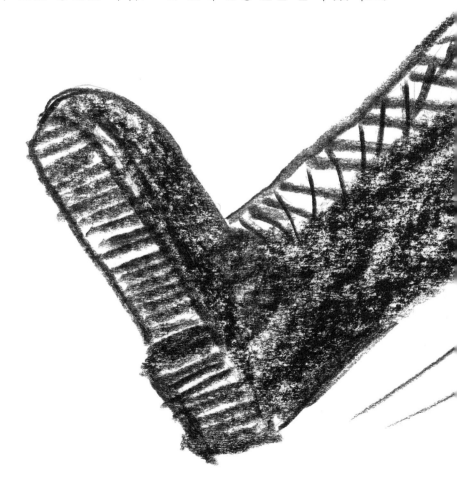

선천 경찰서에서 풀려난 윤봉길은 평안북도 정주에 있는 한 여관에 묵게 되었어요. 그러던 중 같은 여관에 묵고 있던 김태식, 선우옥, 한일진을 알게 되었어요.

윤봉길이 만주에 가려는 사정을 털어놓자, 김태식이 깜짝 놀라 말했어요.

"독립운동을 한다는 것은 집안을 완전히 내팽개친다는 뜻이오. 지금이라도 당장 집으로 돌아가시오."

선우옥과 한일진도 말했어요.

"독립운동이라니……. 다시 한번 생각해 보시오."

하지만 어떤 말에도 윤봉길은 뜻을 굽히지 않았어요. 이미 집을 나설 때 나라를 위해 목숨을 내놓기로 결심했거든요.

　마침내 윤봉길은 만주로 갔어요. 하지만 이 무렵 만주의 독립군은 작은 조직으로 뿔뿔이 흩어져 힘을 못쓰고 있었어요.

　윤봉길은 낮에는 닥치는 대로 일을 하고, 밤에는 우리나라 사람들이 사는 마을을 찾아다니며 우리나라의 어려운 사정을 알리는 강연회를 열었어요.

　반년 가까이 만주를 떠돈 끝에 윤봉길은 만주를 떠나 칭다오로 갔어요. 그리고 이듬해, 임시 정부가 있는 상하이에 도착했어요.

윤봉길은 상하이 생활에 적응하면서 큰일을 할 때를 기다렸어요.

의지할 사람 하나 없는 상하이에서의 삶은 하루하루가 고달픔의 연속이었어요. 길바닥에서 자거나 일이 없어 거리를 정처 없이 떠돌 때도 많았어요. 그럴 때면 고향의 가족들 생각이 더욱 사무쳤어요. 윤봉길은 동생에게 편지를 쓰며 마음을 달랬어요.

'내가 집을 떠난 지도 이 년이 되었구나. 아버님 어머님은 안녕하시냐? 나는 어찌어찌 버티고 있다만, 앞날이 물거품처럼 허망해질까 봐 걱정이다. 오늘은 할아버지 제삿날이구나. 네가 내 대신 울어 주겠니?'

그러던 어느 날, 낯선 신사가 말을 걸었어요.

"혹시 윤봉길 선생 아니십니까?"

윤봉길은 경계를 풀지 않고 신사를 보았어요. 신사는 부드럽게 미소를 지으며 말했어요.

"그렇게 의심스러운 눈으로 볼 필요 없습니다. 나는 안공근이라는 사람입니다."

윤봉길은 자신의 귀를 의심했어요. 안공근은 독립운동가 안중근의 친동생이었어요.

안공근은 윤봉길의 처지를 딱하게 여겨 자신의 집
삼 층에서 살게 했어요. 언젠가 나라의 독립을 위해 큰
일을 할 수 있을 거라며 윤봉길을 격려했지요.

　　윤봉길은 안공근의 말에 힘을 얻어 당장 할 수 있는
일부터 해 나갔어요. 낮에는 우리나라 사람이 경영하는
공장에서 일을 하고, 밤에는 영어 학원에 다녔지요. 또
공장에서 일하는 사람들을 모아 신문과 잡지를 읽게
하며 세상 보는 눈을 키우도록 돕기도 했어요.

당시 우리나라의 독립운동은 매우 어려운 상태였어요. 일본 경찰의 감시가 심해진 데다 수적으로도 일본 군과 경찰을 당할 수 없었지요.

임시 정부의 김구는 일본의 주요 인물들을 없애기 위해 '한인 애국단'이라는 비밀 결사대를 만들었어요. 수천 수백 명의 군인들이 피를 흘리는 전쟁 대신, 몇 명의 지도자를 없애 일본이 우리나라를 비롯한 다른 나라에 침략하는 것을 막으려 한 거예요.

1932년 1월 8일, 한인 애국단의 단원 이봉창이 도쿄에서 일본 왕에게 수류탄을 던졌어요. 비록 일본 왕을 죽이는 데는 실패했지만, 이 일은 독립운동의 불길을 다시 타오르게 했어요.

윤봉길이 김구를 만난 것은 바로 그 무렵이었어요.

윤봉길은 김구에게 고향에서 야학을 만든 이야기며 만주와 칭다오를 떠돌며 독립운동을 했던 이야기를 모두 털어놓았어요.

김구는 뜨겁게 불타는 윤봉길의 눈을 보며 두 손을 꼭 잡았어요.

윤봉길은 김구에게 힘주어 말했어요.

"선생님, 제가 우리나라의 독립을 위해 해야 할 일을
알려 주십시오. 독립운동에 보탬이 될 수 있도록 제게
이봉창 의사와 같은 일을 맡겨 주십시오."

김구는 윤봉길이 나라를 위하여 목숨을 버리려는 큰
뜻이 있다는 것을 알아차렸어요.
"잘 왔소. 그렇지 않아도 바로 그대 같은 사람을 찾
고 있었소. 이제부터 우리나라의 독립을 위해 할 수 있
는 일을 함께 찾아봅시다!"

이봉창의 의거(정의를 위해 한 의로운 일) 이후, 김구는 큰 현상금이 걸린 채 일본 경찰에 쫓기고 있었어요.

1932년 1월 말, 중국과 일본의 사이가 안 좋아지면서 상황은 더욱 나빠졌어요. 일본은 상하이에 대규모의 군대를 보냈고, 중국이 일본에 밀리면서 독립운동이 더욱 어렵게 되었어요. 한인 애국단은 중국의 도움을 받고 있었거든요.

하지만 김구는 독립운동을 멈추지 않았어요. 오히려 한인 애국단을 중심으로 더 치열하게 일본과 싸웠지요.

윤봉길도 거의 매일 김구를 만나며 본격적으로 독립운동을 했어요. 일본군의 무기 창고에서 짐을 싣고 내리는 일을 하며 일본군의 움직임을 살피고, 채소 장수인 척 꾸며 정보를 캐내기도 했지요.

    그러던 어느 날 안공근이 다급한 얼굴로 윤봉길에게
신문을 보여 주었어요.

    "윤 선생, 이 기사를 좀 보시오."

    신문에는 일본군이 4월 29일에 훙커우 공원에서 상
하이 점령 경축식과 일본 왕의 생일 행사를 벌일 예정
이라는 기사가 실려 있었어요.

신문을 보는 윤봉길의 손이 바르르 떨렸어요.

"이 기사대로라면 4월 29일 훙커우 공원에는 상하이
에 있는 일본군의 우두머리들이 모두 모이겠군요."

윤봉길의 말에 안공근이 의미심장한 얼굴로 고개를
끄덕였어요.

윤봉길은 곧바로 김구를 찾아갔어요.

김구도 이미 그 기사에 대해 알고 있었어요.

"하늘이 내린 기회일세."

김구가 굳은 얼굴로 말했어요.

윤봉길은 가만히 고개를 끄덕였어요.

독립운동을 시작하면서 윤봉길은 마음속에 세 가지 큰 뜻을 세웠어요. 첫째, 큰일을 터뜨려 일본이 조선을 얕잡아 볼 수 없게 하고 둘째, 조선의 힘과 용기를 세계에 알려 세계의 눈을 조선으로 쏠리게 하며 셋째, 일본군의 우두머리를 죽여 독립운동을 다시 일으켜 세우는 것이었어요. 그런데 드디어 그 기회가 찾아온 거예요.

4월 26일, 윤봉길은 한인 애국단에 들어갈 것을 맹세하는 선서를 했어요.

윤봉길은 흔들림 없는 목소리로 말했어요.

"조국의 독립과 자유를 위해 훙커우 공원에서 적의 우두머리들을 모조리 무찌를 것을 맹세합니다."

1932년 4월 29일, 드디어 운명의 날이 밝았어요. 아침부터 하늘이 잔뜩 흐려 금방이라도 비가 내릴 것만 같은 날씨였어요.

윤봉길은 김구와 마지막 아침 식사를 했어요.

식사가 끝나고 윤봉길은 자신의 시계를 풀어 김구에게 내밀며 말했어요.

"제 시계는 앞으로 한 시간밖에 쓸 수 없습니다. 제 시계가 더 비싼 것이니 바꾸시지요."

그러고는 김구에게 받은 물통 폭탄을 어깨에 메고, 보자기에 싼 도시락 폭탄을 손에 들었어요. 이날을 위해 특별히 만든 폭탄이었어요.

김구가 윤봉길의 손을
굳게 잡으며 말했어요.
"나중에 지하에서 다
시 만납시다."
택시에 오르기 전에
윤봉길은 주머니를 뒤져
남은 돈을 모두 김구에게 건넸어요.
"이제 제게는 필요 없는 것입니다."
윤봉길의 표정은 조금도 흐트러짐 없이 의연했어요.
김구는 목이 메어 말없이 돈을 받았어요.
곧 택시가 요란한 소리를 내며 훙커우 공원을 향해
달렸어요.

홍커우 공원은 아침부터 사람들로 장사진을 이루고
있었어요. 일본인들과 일본군, 각 나라에서 온 축하 사
절들과 여러 분야의 지도자 등 수만 명의 사람들이 한
자리에 모였지요.

공원 한가운데 있는 단상에 일본군의
최고 사령관들이 앉아 있었어요. 그
리고 그 단상을 수많은 일본군이
겹겹이 둘러싼 채 지켰어요. 그
야말로 철통같은 수비였지요.
　윤봉길은 미리 봐 두었던
자리를 찾아 조용히 사람들
속으로 들어갔어요.

오전 9시 30분경 예정대로 경축식 행사가 시작되었
어요. 흐렸던 하늘에서는 식이 시작하면서부터 비가 내
렸어요.

　일본인들이 성공적인 상하이 공격을 축하하자, 윤봉
길의 눈이 매섭게 빛났어요.

　'어디 언제까지 너희들이 웃나, 두고 보자.'

꽝

일본 국가가 거의 끝날 무렵이었어요.

'지금이다!'

윤봉길은 도시락 폭탄을 발밑에 내려놓고 어깨에 메고 있던 물통 폭탄을 손에 꼭 쥔 채 빠르게 앞으로 달려갔어요. 그리고는 물통 폭탄의 안전핀을 뽑아 중앙 단상을 향해 힘껏 던졌어요.

콰쾅!

엄청난 소리와 함께 주변이 순식간에 아수라장이 되었어요.

일본군 총사령관 시라카와 사망
해군 총사령관 노무라 실명
제9사단장 우에다 다리 부상
주중 공사 시게미쓰 다리 부상
거류민단장 가와바다 사망
주중 총영사 무라이 부상
그 외 수많은 일본인 부상

윤봉길은 다시 도시락 폭탄을 놓아둔 곳으로 달려가려고 했어요. 하지만 부근에 있던 일본 경찰과 군인들에게 붙잡히고 말았어요.

일본 헌병대에 끌려간 윤봉길은 혹독한 고문을 받았어요. 하지만 한인 애국단을 비롯한 다른 독립운동가들에 대해선 끝까지 입을 열지 않았어요.

1932년 5월 25일, 윤봉길은 일본 군법 회의(군사 법원의 옛 이름)에서 사형을 선고받았어요. 그해 12월 19일 오전, 일본의 한 허름한 사격장에서 요란한 총소리가 울렸어요. 스물다섯 살의 윤봉길은 그렇게 나라를 위해 목숨을 바쳤어요.

윤봉길의 의거가 있은 뒤, 우리나라의 독립운동에는 많은 변화가 일어났어요.

우선 중국과 미국, 세계 여러 나라들이 우리나라의 독립운동을 지지하기 시작했어요. 특히 중국은 우리나라의 임시 정부에 많은 도움을 주었지요.

독립운동도 더욱 활기를 띠었어요. 김구와 임시 정부의 권위가 높아졌고, 무엇보다 독립에 대한 우리 국민들의 의지가 점점 강해졌어요.

1945년, 마침내 우리나라는 일본의 지배에서 벗어나 주권을 되찾았어요.

윤봉길의 유해(무덤 속에서 나온 뼈)는 1946년에 일본에서 우리나라로 옮겨와 효창 공원에 장사 지냈어요.

나라에서는 1962년에 건국 훈장 대한민국장을 내려 윤봉길의 애국심을 기렸어요.

♣ 사진으로 보는 윤봉길 이야기 ♣

윤봉길과 농촌 계몽 운동

윤봉길은 농민들을 가르치고 깨우쳐서 잘 살게 하는 농촌 계몽 운동이야말로 빼앗긴 나라를 되찾는 힘이 될 거라고 생각했어요.

야학에 모인 사람들과 그들을 가르치는 윤봉길의 모습이에요. 윤봉길은 야학을 열어 아이들과 젊은이들의 교육에 앞장섰어요.

그래서 야학(밤에 공부하는 학교)을 세운 것을 시작으로 독서 모임을 꾸리고 '목계 농민회'와 '월진회' 등의 농촌 부흥 모임을 만드는 등 다양한 방법으로 농촌 계몽 운동을 벌여 나갔어요.

그중 목계 농민회와 월진회는 오늘날의 협동조합(농민, 어민 등이 각자의 생활이나 사업을 좋게 만들기 위해 만든 협동 조직)과 비슷한 조직으로, 농민들의 생활이 나아지는 데 큰 역할을 했어요. 이 조직들을 통해 윤봉길은 농민들이 가난에서 벗어날 수 있도록 다양한 농작물을 재배하는 법을 가르치고, 누에를 치거나 닭, 토끼, 돼지 등을 길러 살림에 보탬이 되도록 했어요. 또 마을에서 생산한 곡식을 모아 팔아서 더 비싼 값을 받을 수 있도록 하고, 석유, 비누, 성냥 같은 물건들은 공동으로 싸게 사들일 수 있도록 했어요.

그 외에도 마을 사람들에게 일본 물건을 쓰지 않고 우리나라

윤봉길은 농촌 계몽 운동을 체계적으로 펴 나가기 위해 마을
사람들과 힘을 모아 마을 회관인 '부흥원'을 세웠어요.

물건을 사서 쓰게 하는 등 윤봉길은 농촌 계몽 운동을 통해 독립운동도 실천해 나갔어요. 또 '수암 체육회'를 만들어 농민들이 건강을 돌보고 협동 정신을 키울 수 있도록 했지요.

이러한 계몽 운동을 통해 윤봉길은 농민들에게 다 함께 열심히 일하고 공부하면 잘살 수 있다는 자신감을 주었을 뿐 아니라, 빼앗긴 나라를 되찾을 수 있다는 희망을 심어 주었어요.

『농민독본』

1927년 윤봉길은 야학에서 쓸 교과서로 『농민독본』이라는 책을 썼어요. 모두 세 권으로 쓰인 『농민독본』은 어린 학생들에게 세상을 살아가는 데 꼭 필요한 기초 지식을 알려 주고, 꿈과 용기를 심어 주는 내용으로 가득했어요.

또한 농촌과 농민에 대한 윤봉길의 애정이 가득 담겨 있기도 해요. 『농민독본』 3권 '농민의 앞길'에는 다음과 같은 내용이 나오지요.

"우리 조선은 농민의 나라입니다. 과거의 역사를 돌아볼 때 하루라도 농업을 아니하고 살아 본 적이 없습니다. (……) 조선에서는 주인공인 농민이 이때까지 주인 대접을 못 받고 살아왔습니다. 그까짓 농군 놈들, 촌놈들이라고 학대받고 혹독하게 멸시당했습니다. 조선의 주인인 농민은 도리어 헐벗고 굶주리고 불쌍한 가난뱅이가 되었습니다. 주인이 못살면 다른 사람도 못사는 법입니다. 농민이 가난하다는 것은 결국 전 조선이 못살게 되고야 마는 것입니다. 그러므로 우리는 모든 힘을 농민에게로 돌려야 합니다."

윤봉길은 농사야말로 세상의 근본이라고 생각했어요. 아무리 다른 산업들이 발달한다 해도 사람이 먹고사는 일에서부터 옷을

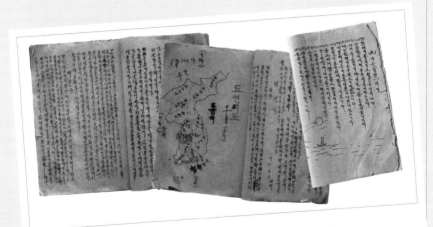

『농민독본』 2권 '계몽' 편이에요. 현재 『농민독본』 1권은 남아 있지 않고, 2권과 3권만이 전해지고 있어요.

입고 집을 짓고 공장을 움직이는 데 이르기까지 농업에 기대지 않는 일이 없다고 믿었지요.

그래서 윤봉길은 『농민독본』에서 농민은 우리나라의 주춧돌이기 때문에 농민들에게 정치, 경제, 문학, 예술 등 다양한 교육을 실시해야 한다고 주장했어요. 그래야 나라가 부강해지고 독립의 기초를 이룰 수 있다고 믿었기 때문이지요.

한인 애국단

윤봉길은 대형 태극기 앞에서 한인 애국단 입단 선서식을 했어요. 가슴에는 직접 쓴 선서문을 걸고 오른손에는 권총을, 왼손에는 폭탄을 들었어요.

홍커우 공원 의거가 있기 사흘 전인 1932년 4월 26일, 윤봉길은 한인 애국단 입단 선서식을 했어요. 벽에 걸린 대형 태극기 앞에 서서 한 손을 들고 맹세했지요.

"나는 지극한 정성으로 조국의 독립과 자유를 회복하기 위하여 한인 애국단의 일원이 되어 적국의 괴수(못된 짓을 하는 무리의 우두머리)들을 처단하기로 맹세합니다."

윤봉길이 입단한 한인 애국단은 1931년 중국 상하이에서 조직된 독립운동 단체예요. 일본 왕을 비롯해 일본의 주요 인물들을 없앰으로써 일본에게 우리나라의 독립 의지를 보여 주고, 일본이 우리나라를 비롯한 아시아의 다른 나라를 침략하지 못하도록

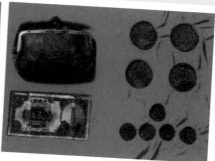

윤봉길이 훙커우 공원으로 떠나기 전에 김구에게 준 시계와 지갑, 중국 돈이에요.

하는 데 목표를 두었지요.

한인 애국단에는 대한민국 임시 정부의 김구를 중심으로 하여, 1932년 1월 8일 일본 왕에게 폭탄을 던진 이봉창, 안중근 의사의 동생 안공근 등이 참여해서 침체되어 있던 우리나라의 독립운동에 활기를 불어넣었어요.

이봉창, 윤봉길 의사의 의거 외에도 1932년 4월에 이덕주, 유진만 등이 조선 총독을 없애려다 실패하는 등 한인 애국단은

윤봉길이 김구와 만나 훙커우 공원 의거를 의논한 곳이에요.

여러 곳에서 목숨을 건 독립운동을 계속해 나갔어요.

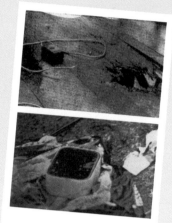

윤봉길이 물통 폭탄을 던진 자리(위)와 미처 던지지 못한 도시락 폭탄(아래)이에요.

윤봉길 의사가 잠든 효창 공원

윤봉길은 1932년 4월 29일, 상하이 훙커우 공원에서 바로 체포되어 혹독한 고문 끝에 12월 19일 일본 가나자와에서 사형당했어요.

그로부터 13년이 지난 후인 1945년, 마침내 우리나라가 일본으로부터 독립을 했어

윤봉길 의사의 의거를 보도한 우리나라의 《동아일보》(왼쪽)와 중국의 《차이나 위클리 리뷰》(오른쪽)예요. 중국의 신문들은 윤봉길 의사의 의거를 두고, "이 억 중국인이 하지 못한 일을 한 사람의 한국인이 해냈다."고 놀라워하는 기사를 썼지요.

요. 우리나라로 돌아온 김구는 일본에서 윤봉길 의사의 유해를 되찾아 오기로 결심했어요.

김구는 당시 일본에 살고 있던 우리 동포들에게 윤봉길 의사의 유해를 찾아 달라고 부탁했어요. 조사해 보니 윤봉길 의사의 유해가 묻힌 곳은 이미 쓰레기터로 바뀌어 있었어요. 다행히 가나자와 형무소의 간수를 지냈던 일본인을 만나 유해가 묻힌 장소를 알아낼 수 있었지요.

서울 효창 공원에 안장된 윤봉길 의사의 묘예요.

유해가 묻힌 곳을 파헤치자 윤봉길 의사의 관이 발견되었어요.

윤봉길 의사의 유해는 1946년 5월에 이봉창, 백정기 의사의 유해와 함께 부산에 도착했어요. 이후 전 국민의 슬픔 속에 서울 효창 공원으로 옮겨져 장례가 치러졌지요.

함께 보면 쏙쏙 이해되는 역사

◆ 1908년
충청남도 덕산(오늘날의
예산군)에서 태어남.

1905

● 1905년
을사늑약으로
우리나라가 일본에
외교권을 빼앗김.

1910

● 1910년
한일 병합 조약으로
우리나라가 일본의
식민지가 됨.

● 1919년
삼일 운동이 일어남.
대한민국 임시 정부가
세워짐.

◆ 1930년
독립운동을 위해 만주로 떠남.

◆ 1932년
상하이 훙커우 공원에서
일본군 사령관 시라카와
등에게 폭탄을 던짐.
일본 가나자와에서 사형당함.

◆ 1946년
전 국민의 애도 속에
효창 공원에 안장됨.

1930

● 1932년
한인 애국단의 이봉창이
일본 왕에게 수류탄을
던짐.

1945

● 1945년
우리나라가 광복을 맞음.

◆ 윤봉길의 생애

● 우리나라 독립운동의 역사

◆ 1927년
야학 교재인
『농민독본』을 씀.

◆ 1921년
오치 서숙에서 한학을
공부함.

◆ 1929년경
부흥원을 세움.

1920

1925

「새싹 인물전」을
펴내면서

요즈음 아이들에게 '훌륭한 사람'이 누구냐고 물으면 '돈 많이 버는 사람'이라고 대답한다고 합니다. 초등학생의 태반은 가수나 배우가 되고 싶어 하고요. 돈 많이 버는 사람이나 연예인이라는 직업이 나쁘다는 것이 아니라, 아이들이 각자가 갖고 있는 재능과는 상관없이 모두 똑같은 꿈을 갖는 것 같아 걱정입니다. 또 한편으로는 아이들이 진정 마음으로 닮고 싶은 사람에 대한 정보가 부족한 것은 아닌가 하는 생각도 듭니다.

어릴수록 위인 이야기의 힘은 큽니다. 아직 어리고 조그마한 아이들은 자신이 보잘것없다고 생각하고 위인들의 성공에 감탄합니다. 하지만 그네들에게는 끝없이 열린 미래가 있습니다. 신화처럼 빛나는 위인들의 모습은 아이들에게 훌륭한 역할 모델이 되고, 그런 삶을 살기 위해 무엇을 어떻게 해야 할지를 알려 주는 밝은 등대가 됩니다.

그렇다면 우리가 어른으로서 아이들에게 권해야 할 위인전은 무엇일까요? 보통 우리가 생각하는 '위인'은 훌륭한 업적을 남긴

위대한 사람, 멋지고 능력 있는 사람입니다. 하지만 시대가 변했으니 아이들이 역할 모델로 삼을 수 있는 위인의 정의나 기준도 변해야 할 것입니다.

그런 의미에서 비룡소의 「새싹 인물전」은 종래의 위인전과는 다른 점이 많습니다. 시리즈 이름이 '위인전'이 아닌 '인물전'이라는 데 주목하기 바랍니다. 「새싹 인물전」은 하늘에서 빛나는 위인을 옆자리 짝꿍의 위치로 내려놓습니다. 만화 같은 친근한 일러스트는 자칫 생소할 수 있는 옛사람들의 이야기를 일상에서 만날 수 있는 재미있는 사건처럼 보여 줍니다.

또 하나, 「새싹 인물전」에는 위인전에 단골로 등장하는 태몽이나 어린 시절의 비범한 에피소드, 위인 예정설 같은 과장이 없습니다. 사실 이런 이야기들은 현대를 사는 아이들에게는 황당하고 이해하기 힘든 일일 뿐입니다. 그보다는 천 리 길도 한 걸음부터, 큰 성공도 자잘한 일상의 인내와 성실함이 없었다면 이루어질 수 없었다는 것을 알려 주는 것이 중요합니다. 세상 사람들의 우러름을 받는 이들도 여느 아이들과 같은 시절을 겪었음을 보여 줌으로써, 아이들에게 괜한 열등감을 주지 않고 그네들의 모습을 마음속에 담을 수 있도록 해 주는 것입니다.

덧붙여 위인전이란 그 인물이 얼마나 훌륭한 업적을 남겼는가 보여 주는 것도 중요하지만, 얼마나 참된 인간다움을 보였는가를 알려 줄 필요도 있습니다. 여기서 '인간다움'이란 기본적인 선함과 이해심, 남을 위해 봉사할 수 있는 사랑과 배려, 그리고 한 가지 목표를 설정하고 앞으로 나아갈 수 있는 의지와 용기를 말합니다. 성취라는 결과보다는 성취하기 위한 과정을 보여 주고, 사회적인 성공보다는 한 인간으로서 얼마나 자기 자신에게 철저하고 진실했는지를 보여 주는 것이 중요하다는 것입니다.

하지만 아무리 좋은 가르침도 사랑과 따뜻함이 없으면 억누름과 상처가 될 뿐이겠지요. 「새싹 인물전」은 나의 노력과 의지에 따라 얼마든지 의미 있는 삶을 살 수 있음을 알려 줍니다. 내가 알고 있는 삶 외에도 또 다른 삶이 존재할 수 있다는 것, 꿈을 키우고 이루어 가는 과정에서 배우고 경험하게 되는 것들의 가치, 그런 따뜻함을 담고 있는 위인전입니다. 부디 이 책이 삶의 첫발을 내딛는 아이들에게 좋은 길잡이가 되었으면 하는 바람입니다.

기획 위원

박이문(전 연세대 교수, 철학)

장영희(전 서강대 교수, 영문학)

안광복(중동고 철학 교사, 철학 박사)

● 사진 제공
60~67쪽_ 사단법인 매헌 윤봉길 의사 기념 사업회.

글쓴이 **김선희**

서울 예술 대학 문예 창작과를 졸업했다. 장편 동화『흐린 후 차차 갬』으로 비룡소 황금도깨비상을 수상했다. 지은 책으로『귓속말 금지 구역』,『1의 들러리』,『공자 아저씨네 빵가게』,『세종 대왕』,『가브리엘 샤넬』 등이 있다.

그린이 **김홍모**

만화가이자 그림책 작가이다. 부천 국제 만화제에서『내가 살던 용산』,「두근두근 탐험대」 시리즈로 상을 받았다. 만화『홀』,『내 친구 마로 1, 2』,『좁은 방』,『빗창』 등을 냈다. 쓰고 그린 책으로『우주 최고 만화가가 되겠어!』가 있으며, 그린 책으로 『오늘의 날씨는』,『책 만들어 주는 아버지』,『김홍도』,『주몽』,『이호왕』 등이 있다.

그린이 **임소희**

그림책 그림을 그리고 만화도 그린다. 지은 책으로『재일동포 리정애의 서울 체류기』가 있으며 그린 책으로『윤동주, 별을 노래하는 마음』,『유일한』(공저), 『정주영』 등이 있다.

새싹 인물전 033 **윤봉길**

1판 1쇄 펴냄 2010년 9월 27일 1판 12쇄 펴냄 2020년 5월 22일
2판 1쇄 펴냄 2021년 5월 28일 2판 3쇄 펴냄 2024년 1월 18일

글쓴이 김선희 그린이 김홍모, 임소희
펴낸이 박상희 편집장 전지선 편집 이지은 디자인 박연미, 지순진
펴낸곳 **(주)비룡소** 출판등록 1994.3.17. (제16-849호)
주소 06027 서울시 강남구 도산대로1길 62 강남출판문화센터 4층
전화 02)515-2000 팩스 02)515-2007 홈페이지 www.bir.co.kr
제품명 어린이용 각양장 도서 제조자명 **(주)비룡소** 제조국명 대한민국 사용연령 3세 이상

ⓒ 김선희, 김홍모, 임소희 2010. Printed in Seoul, Korea

ISBN 978-89-491-2913-6 74990
ISBN 978-89-491-2880-1 (세트)

「새싹 인물전」 시리즈

* 계속 출간됩니다.